AF340979

# LETTRE

## A M. LE BARON MOUNIER,

RAPPORTEUR DE LA COMMISSION DE LA CHAMBRE DES PAIRS,
CHARGÉE DE L'EXAMEN DU PROJET DE LOI
SUR LES FORTIFICATIONS DE PARIS.

MONSIEUR,

La Chambre des députés a longuement et verbeusement discuté sur les Fortifications de Paris.

Pendant cette discussion, le nom de Vauban a souvent été *invoqué* et *profané*; car il y a profanation quand on dénature les conceptions du génie en lui attribuant un langage entièrement opposé à l'esprit qui a présidé à ses combinaisons !

C'est ce qui a eu lieu de la part de certains orateurs, et notamment de celle du rapporteur de la commission de la Chambre des députés, auquel il manquait malheureusement deux conditions essentielles pour traiter convenablement ce sujet :

1° L'impartialité résultant d'une position désintéressée;

2° Des connaissances spéciales auxquelles l'imagination, quelque brillante qu'elle soit, ne peut suppléer.

C'est, sans aucun doute, à ces deux causes qu'il faut attribuer l'opiniâtreté avec laquelle M. Thiers s'est opposé à tous les amendements proposés à la Chambre, et à ceux dont la nécessité lui a été démontrée par des personnes qui avaient depuis long-temps médité sur cette grande question, et l'avaient approfondie sous tous les rapports.

N'étant point, comme M. Thiers, influencé par des liens de paternité, vous n'avez pas considéré son projet comme une arche sainte à laquelle il fût défendu de toucher. La majorité de la Commission dont vous êtes l'or-

1841

gane propose un amendement d'une haute importance, sur lequel la Chambre doit prononcer.

Cet amendement est-il avantageux? Doit-il être adopté tel qu'il est proposé? Est-il susceptible d'être modifié de manière à rendre ses avantages incontestables et son adoption plus certaine par l'une et l'autre Chambre? Telles sont les questions sur lesquelles je me propose de porter le flambeau de la science de l'ingénieur, dont, il faut bien le dire, la plupart des orateurs et des écrivains qui ont publié leurs opinions jusqu'à ce jour ont paru faire peu de cas, sans doute parce qu'ils n'en connaissaient pas bien les ressources.

Ainsi que je l'ai dit dans mes lettres au ministre de la guerre : « *Deux invasions successives, la restauration par les* » *baïonnettes étrangères, l'occupation militaire, la contribu-* » *tion de guerre, nos lauriers flétris, le fruit de vingt-cinq* » *ans de victoires et une partie de notre propre territoire* » *perdus en quelques jours !* Ces plaies encore saignantes » montrent ce qu'il en coûte à une grande nation qui » laisse occuper sa capitale par l'ennemi, » et prouvent jusqu'à l'évidence la nécessité de fortifier Paris. Ceux que cette double expérience n'a pas convaincus ne peuvent l'être par aucun raisonnement. Il serait superflu d'entreprendre cette tâche; je parle donc pour ceux qui, comme moi, croient à l'utilité et à la nécessité de cette belle entreprise :

Comment Paris doit-il être fortifié?

La réponse à cette question est simple : Il doit l'être de manière *à tenir le plus long-temps possible, à être imprenable*, si cela est possible, et à souffrir le moins possible en cas d'attaque.

Que faut-il pour que Paris soit imprenable ?

Il faut qu'il ne puisse être enlevé de vive force, qu'il ne puisse être bombardé, qu'il ne puisse être enlevé par un siége en règle, qu'il ne puisse être affamé.

Ces quatre conditions sont *nécessaires et suffisent*.

Vauban, dans son admirable Mémoire, a indiqué les moyens d'y satisfaire ; ces moyens, puisés dans une connaissance parfaite de l'art d'attaquer et de défendre les places, ne paraissent pas avoir été compris par les rédacteurs du projet de M. Thiers.

Tâchons de les mettre à la portée de toutes les intelligences.

Paris, dit Vauban, « est le vrai cœur du royaume, la
» mère commune des Français, l'abrégé de la France, par
» qui tous les peuples de ce grand État subsistent, et *de*
» *qui le royaume ne saurait se passer sans déchoir* considé-
» rablement de sa grandeur.

» Comme elle est fort riche, son peuple encore plus
» nombreux, *on ne peut avoir trop d'égards pour elle,* NI
» TROP PRENDRE DE PRÉCAUTIONS POUR LA CONSERVER, d'au-
» tant plus que, si *l'ennemi avait forcé nos frontières, battu*
» *et dissipé nos armées,* et enfin pénétré le dedans du
» royaume, il ne faut pas douter qu'il ne fît tous ses efforts
» pour se rendre maître de cette capitale, ou du moins la
» ruiner de fond en comble ; ce qui serait peut-être
» moins difficile présentement qu'il n'a jamais été, joint
» que *l'usage des bombes s'est rendu si familier et si terri-*
» *ble dans ces derniers temps, que l'on peut la considérer*
» *comme un moyen très sûr pour la réduire à tout ce que*
» *l'ennemi voudra, avec une armée assez médiocre,* toutes
» les fois qu'il ne sera question que de se mettre à portée
» de la bombarder. »

Voilà, monsieur, l'opinion de Vauban clairement formulée :

« AVEC UNE ARMÉE ASSEZ MÉDIOCRE, L'ENNEMI RÉDUIRA
» PARIS A TOUT CE QU'IL VOUDRA, QUAND IL POURRA SE
» METTRE A PORTÉE DE LE BOMBARDER ! »

Pour empêcher l'ennemi de se mettre à portée de bombarder le Paris de son temps, Vauban plaçait une enceinte *à la grande portée du canon en avant de la ville.*

Que ferait-il aujourd'hui que l'usage des bombes est devenu encore plus fréquent, plus formidable, et se trouve renforcé par l'usage des fusées incendiaires?

Il placerait son enceinte à la grande portée du canon et des fusées incendiaires en avant de la ville, telle qu'elle est aujourd'hui; il ferait plus, peut-être, il aurait égard aux agrandissements probables qui auront lieu par la suite.

Les généraux Haxo, Valazé et M. Thiers sont-ils entrés dans les vues de Vauban lorsqu'ils ont fait passer leur enceinte par des points tellement rapprochés de la ville que sur tout le développement de cette enceinte il est possible de prendre des positions desquelles les bombes pourront être lancées jusqu'au centre de Paris? non sans doute; ils ont au contraire méconnu cet esprit de conservation dont Vauban était animé.

Vauban dit aux Parisiens :

Si l'ennemi se présente devant l'enceinte de vos murailles, je veux que vous soyez dans une sécurité aussi parfaite que si vous étiez en pleine paix; je ne veux pas qu'une seule bombe puisse atteindre vos personnes, vos maisons, vos monuments et vos approvisionnements en vivres et munitions.

Les généraux Haxo, Valazé et M. Thiers disent : Si l'ennemi se présente devant vos murailles, nous voulons qu'à l'aide de ses batteries incendiaires, sans être obligé à des travaux de siége longs et dangereux, il puisse écraser vos personnes, incendier vos maisons, vos monuments, vos approvisionnements en vivres et munitions, et vous forcer à une honteuse capitulation, après des souffrances sans honneur.

Dira-t-on que Vauban exagère l'effet d'un bombardement sur Paris? non, monsieur, car l'expérience est venue confirmer sa prévision! Deux fois l'ennemi s'est trouvé à portée de bombarder Paris, deux fois Paris s'est rendu sans attendre l'effet de ce bombardement.

M. le maréchal Soult, président du conseil des ministres, a cité deux autres exemples très remarquables (1) :

(1) *Moniteur* du 25 janvier, page 173, 5ᵉ colonne.

La reddition de Vienne en 1805, sans combat, la red ·
dition de Vienne en 1809, après un bombardement de
quelques heures !

Pourquoi cette double reddition a-t-elle eu lieu ?

Parce que l'enceinte de Vienne était trop rapprochée
de la ville ; parce qu'elle permettait à l'armée française
de se placer de manière à effectuer un bombardement !

Si cette enceinte eût été placée conformément au principe posé par Vauban, c'est-à-dire à la grande portée du
canon de la ville, les obus français n'y fussent point par-
venus et notre armée n'y fût pas entrée.

M. le maréchal président du conseil des ministres,
frappé de cette analogie, a témoigné peu de confiance
dans l'efficacité de l'enceinte adoptée et commencée par
le ministère du 1er mars, et il a eu parfaitement raison,
car les mêmes causes produisent les mêmes effets !

M. Thiers, rapporteur de la commission de la Chambre des députés, voulant défendre l'œuvre de M. Thiers,
ministre, a prétendu qu'il n'y avait pas identité, parce
que l'enceinte de Vienne passait en arrière des faubourgs
de cette ville, tandis que la sienne passera en avant des
faubourgs de Paris.

Il fait ce singulier raisonnement :

« Si le grand Vienne (Vienne et ses faubourgs), si le Vienne tout
» entier eût été défendu, les choses se seraient passées autrement ;
» car ce n'eût pas été Vienne tirant sur Vienne (1). »

Eh, qu'importait aux habitants du *vieux Vienne* que les
obus qui tombaient sur leurs maisons et y portaient l'incendie vinssent de *cent*, de *deux cents* ou de *mille* toises !
Qu'importe l'amplitude de la trajectoire que décrivent
les projectiles, pourvu qu'ils arrivent et qu'ils éclatent ?
Ceux qui sont lancés de plus loin sont à quelques égards
les plus dangereux, car ils viennent de plus haut, leur
vitesse acquise en tombant est plus considérable ; ils en-

(1) *Moniteur* du 27 janvier, page 206, 5e colonne..

foncent plus facilement les planchers ou les voûtes des magasins de vivres et de munitions !

Quant aux habitants du nouveau Vienne, autrement dit des faubourgs, que leur importait que les obus ou les bombes qu'ils recevaient fussent françaises ou autrichiennes : les unes écrasaient ou brûlaient-elles moins que les autres?

La seule différence, dans ce cas, c'est que toutes les parties des faubourgs auraient pu être brûlées par le bombardement français, tandis que le *vieux Vienne* ne tirait que sur les parties de ces faubourgs occupées par les troupes ou les batteries françaises. Ainsi, au lieu de *quatre vingt mille* habitants demandant, ou *exigeant* la capitulation, il y en aurait eu *trois cent mille*, dont la la voix eût été plus imposante et plus difficile à méconnaître.

Je n'examine pas encore les avantages qui peuvent résulter de l'adoption de l'amendement présenté par la Commission ; mais puisqu'elle propose de remplacer l'enceinte avec escarpe terrassée par un mur formant enceinte de sûreté; puisque, par là, elle considère, avec raison, comme inutiles et non avenus les travaux exécutés jusqu'à ce jour, pourquoi s'assujettir à faire suivre au mur de sûreté le même périmètre qu'à l'enceinte de M. Thiers? Pourquoi, prévoyant déjà l'époque à laquelle il deviendra nécessaire de démolir ce mur pour le remplacer par un autre plus avancé (1), ne proposez-vous pas de le porter

(1) « Si les mêmes causes causes continuent à produire les mêmes
» effets, il est à présumer qu'un jour, dans l'intérieur, la population
v remplira la nouvelle enceinte ; tandis qu'à l'extérieur elle se pres-
» sera au bord de la limite défendue. Il se pourrait qu'alors on jugeât
» utile d'enlever l'obstacle qui séparerait ainsi les habitants. Une en-
» ceinte de sûreté ne serait qu'une légère difficulté. Il suffirait de
» démolir la muraille dont les matériaux serviraient au besoin dans
» la construction d'une nouvelle enceinte. Il n'en serait pas de même
» s'il existait des remparts, etc. »

Rapport de M. le baron Mounier. *Moniteur* du 17 mars 1841, 1er supplément, page 655, 5e colonne.

de suite sur des points stratégiques qui satisferont aux besoins du *moment* et *à ceux de l'avenir?*

Vous voyez, monsieur, que la Commission, en même temps qu'elle propose de substituer à l'escarpe terrassée du projet, un mur élevé au-dessus du sol, aurait dû ajouter:

Ce mur, formant enceinte de sûreté, *devra être établi à la grande portée de canon et des fusées incendiaires, en avant de la ville*, afin que, *dans aucun cas, Paris ne puisse être bombardé, ni incendié.*

Cette seule modification conduirait à d'immenses résultats; car alors l'enceinte de sûreté ne serait plus une *simple cage à capitulation;* elle deviendrait *aisément, à peu de frais, en peu de temps, même pendant la défense des forts avancés, une véritable enceinte de siége* et une *enceinte imprenable*, ainsi que vous allez le voir, si vous voulez bien suivre les raisonnements sur lesquels j'appelle votre plus sérieuse attention.

Dans la construction des places, on cherche généralement à satisfaire à trois conditions essentielles :

1° établir des obstacles infranchissables de vive force, ou par escalade ;

2° Dérober ces obstacles aux vues de l'assiégeant, afin qu'il ne puisse les détruire de loin à l'aide de son artillerie;

3° Battre avec l'artillerie et la mousqueterie de la place les portions du terrain sur lesquelles l'ennemi doit établir ses cheminements pour s'avancer à l'attaque.

Un mur de dix mètres de hauteur, élevé au-dessus du sol, satisfait à la première condition, comme un mur de la même hauteur, enfoncé dans un fossé. Mais il ne satisferait pas à la seconde, parce que l'artillerie établie dans la campagne le découvrirait, et pourrait le mettre en brèche de la distance de trois à quatre cents toises.

Il est un moyen simple de faire disparaître cet inconvénient; il consiste à placer en avant de ce mur un *couvreface en terre*, suffisamment élevé au-dessus du sol pour cacher tout ou partie du mur d'enceinte de sûreté, qu devient dès lors le *réduit de ce couvre-face.*

Pour obtĕnir les terres nécessaires à l'érection de ce couvre-face, on est naturellement conduit à le faire précéder d'un fossé.

Ce fossé à creuser, ce couvre-face à établir, ne sont que de simples terrassements dont l'exécution peut avoir lieu avec une grande rapidité en employant le nombre de bras suffisant. Le couvre-face aura un rempart et des parapets; il sera susceptible de porter batterie; et grâce à ce mur de sûreté placé en arrière, il ne pourra être enlevé que par un siége en règle, et ce siége exigera plus de temps que n'en eût exigé une enceinte avec escarpe terrassée, comme celle du projet de M. Thiers, même en la supposant assez avancée pour mettre Paris à l'abri du bombardement. Il faudra les mêmes travaux dans l'un et l'autre cas pour arriver au bord du fossé, faire la descente et son passage, après avoir établi des *contre-batteries* pour éteindre les feux des flancs, et, tandis que la brèche faite à l'escarpe terrassée de M. Thiers permettrait d'enlever son enceinte par un assaut, il faudrait, contre le mur de sûreté, précédé d'un couvre-face, établir du canon sur les bastions ou contre-gardes en terre, pour ouvrir ce mur de sûreté.

Ne croyez pas, monsieur, que ce soient là des assertions hasardées; ces idées sont basées sur l'expérience et la connaissance positive de l'art d'attaquer et de défendre les places; loin d'exagérer les avantages de cette disposition, je les atténue plutôt; permettez-moi de vous en donner des preuves incontestables.

Citons d'abord un exemple très remarquable de la défense opiniâtre dont est susceptible une place de ce genre.

La ville de Stetin, située sur l'Oder, n'avait en 1677, lorsqu'elle fut assiégée par les Brandebourgeois, qu'une ancienne muraille mal flanquée par des tours carrées et couvertes par un simple rempart en terre, à fausse braie, dans quelques parties. Les murailles ne pouvant être battues en brèche de la campagne, à cause du couvre-face qui la précédait, les assiégeants furent obligés de faire un logement sur ce rempart et d'y établir du canon pour ouvrir la muraille servant d'enceinte de sûreté. La garnison, n'ayant point à craindre d'être emportée de vive force, défendit vigoureusement ce couvre-face en terre. La tranchée fut ouverte le 6 juin, la capitulation n'eut lieu que le 14 decembre ; la garnison, composée de *trois mille* hommes, fut réduite à *trois cents;* les Brandebourgeois y perdirent *dix mille* hommes. Ainsi, comme l'observe, avec raison, le général Montalembert, dans son grand ouvrage intitulé *La fortification perpendiculaire* (1), *le plus irrégulier, le plus défectueux des remparts, soutenu par un ancien mur à tours, est devenu une fortification qu'on peut appeler du premier ordre,* par la longueur de la résistance qui a duré plus de six mois.

Il est vrai que l'on n'a pas employé contre cette place le mode d'attaque à la Vauban, en faisant usage des parallèles et du ricochet; mais c'est précisément l'avantage de cette disposition de rendre ce mode impraticable contre la défense qui s'établit sur le couvre-face.

Maintenant, qu'on juge par analogie de ce qui arriverait à l'ennemi qui viendrait attaquer Paris, fortifié d'après ce principe. En supposant tous les autres obstacles vaincus, il faudrait former son logement sur un bastion ou sur une contre-garde du couvre-face ; il ne pourrait y placer que quelques hommes qui seraient à chaque instant exposés à être attaqués par toute la garnison, débouchant par la droite et par la gauche. Comment se maintiendraient-ils en présence de *trente* à *quarante mille* hommes de troupes réglées et de *soixante* à *quatre-vingt mille* hommes de garde nationale ? Il est évident que cette opération serait absolument impossible : les assiégeants qui arriveraient sur ce couvre-face y seraient tués ou pris ; les canons qu'ils y amèneraient seraient immédiatement enlevés par la garnison.

(1) Tome 1ᵉʳ, page 55.

Veut-on un nouvel exemple de l'influence salutaire qu'exercent les couvre-faces en terre sur la défense ? que l'on se rappelle le siége de la citadelle de Turin en 1706. Les Piémontais avaient établi, pour couvrir les bastions d'attaque, *Saint-Maurice* et *Amédée*, deux contre-gardes; c'est à ces contre-gardes que la place de Turin dut son salut.

Dans la nuit du 5 au 6 août, le chemin couvert en avant des contre-gardes fut attaqué et enlevé; tous les travaux postérieurs de l'attaque eurent pour objet la prise de ces contre-gardes et de la demi-lune. Dans la nuit du 26 au 27 août, les assiégeants donnèrent l'assaut à ces trois ouvrages. Cet assaut réussit d'abord; les assiégeants se logèrent sur la demi-lune et les contre-gardes; mais bientôt les assiégés revinrent à la charge, reprirent d'abord la demi-lune, et le lendemain, entre neuf et dix heures du matin, ils réattaquèrent les contre-gardes et s'en remirent de nouveau en possession.

Du 30 au 31 août, les contre-gardes et la demi-lune furent de nouveau attaquées et enlevées en plein jour; mais les assiégés, soutenus par le feu de la place, chassèrent de nouveau les assiégeants.

Le 7 septembre, lorsque le prince Eugène de Savoie vint attaquer l'armée française, les contre-gardes étaient encore au pouvoir des Piémontais.

Ainsi ces contre-gardes ont prolongé la durée du siége de plus d'un mois; si elles n'eussent pas existé, toute l'escarpe du front d'attaque de la citadelle eût été mis immédiatement en brèche; l'ennemi resserré dans son retranchement eût été hors d'état de soutenir l'assaut et de faire de bonnes dispositions pour reprendre l'offensive; la place eût été enlevée avant l'arrivée du prince Eugène de Savoie.

Je vous citerai encore un exemple assez remarquable de l'effet que peut produire un couvre-face en terre improvisé à propos.

La place d'Astorga, en Espagne, n'a qu'une simple mu-

raille élevée au-dessus du sol et flanquée par des tours
rondes ou carrées, sans fossés; cette muraille peut donc
être mise en brèche de tous les points de la campagne à
la distance de deux à trois cents toises. En 1812, les Espa-
gnols établirent des batteries dans cette vue; je m'aperçus
que le point qu'ils avaient choisi était un des moins fa-
vorables, parce qu'un pli du terrain cachait le pied du
mur; je fis aussitôt élever un bourrelet en terre de quelques mètres de hauteur qui déroba plus des trois quarts
de la muraille aux vues de l'assiégeant; dès lors il ne put
y faire brèche et fut obligé de nous attaquer par la mine.
Ce simple artifice a prolongé la durée du siége de plus
d'un mois (1).

(1) On trouve dans la *Relation du siége de Constantine*, par M. le
général Rohaut de Fleury, le passage suivant :

« La seule partie accessible et attaquable de l'enceinte, vue jus-
» qu'au pied, a pu être battue en brèche par des pièces de vingt-
» quatre placées à une grande distance. Si l'ennemi se fût avisé, par
» un travail facile et prompt, de déplacer de quelques mètres seu-
» lement des masses d'immondices et de terre amoncelées sur un
» glacis, tout près de la muraille exposée, pour les reporter en avant
» de celle-ci, il l'eût ainsi défilée par un masque; alors les batteries
» éloignées n'eussent plus exercé aucune action contre elle, et l'as-
» siégeant, pour y remédier, eût été indispensablement contraint, ou
» *à transporter son canon sur ce même masque*, ou à employer la
» mine, en se soumettant dans l'un ou l'autre cas à exécuter les tra-
» vaux et à supporter les lenteurs d'un siége régulier; or cette opéra-
» tion n'eût pas été possible devant Constantine, puisque l'on n'avait
» ni les moyens matériels ni le temps nécessaires pour le long déve-
» loppement des travaux d'approche, sur un glacis de roc et de
» pierrailles en contrepente et qui avait cinq cents mètres de lon-
» gueur. »

M. le général Fleury ajoute ;

« A la défense d'Astorga, en Espagne, le capitaine du génie
» Choumara, par un travail semblable, parvint à paralyser l'effet
» des batteries éloignées de l'ennemi. »

Qu'il me soit permis de témoigner à M. le général Fleury toute
ma reconnaissance pour cette preuve d'impartialité et de sympathie,
d'autant plus méritoire à mes yeux, qu'elle était plus inattendue,
et indique dans ce général un noble cœur, au-dessus des influences et
des intrigues des adversaires qui m'ont arrêté dans ma carrière.

Voici la conséquence naturelle des faits et observations qui précèdent.

Le mur de sûreté, *assez avancé dans la campagne pour mettre Paris à l'abri du bombardement, sera précédé d'un couvre-face en terre, capable de porter batterie et construit d'après les meilleurs principes de la science de l'ingénieur.*

L'amendement de la Commission ainsi modifié, fera de Paris une place de premier ordre, capable de soutenir un siége long et opiniâtre sans compromettre la sûreté de ses habitants, sans craindre l'incendie de ses monuments et des propriétes particulières. Pour être véritablement *imprenable*, cette place n'aura besoin que d'être approvisionnée convenablement en vivres et en munitions.

Or, cet approvisionnement, pour être en harmonie avec les besoins d'une population de douze à quatorze cent mille âmes, exigera des bâtiments considérables; il en faudra également pour loger les troupes; ces troupes doivent autant que possible être rapprochées des points qu'elles doivent défendre; on doit donc ajouter: *les bâtiments militaires seront placés sur les divers points de l'enceinte, voûtés à l'épreuve de la bombe, et disposés de manière qu'ils puissent servir à la défense tant extérieure qu'intérieure.*

Voilà, monsieur, le complément nécessaire de l'amendement de la Commission; alors le projet ne laisserait rien à désirer sous aucun rapport.

Je ne répéterai pas ici ce que j'ai dit dans les lettres au ministre de la guerre sur les services que ces bâtiments, militaires ou civils, sont appelés à rendre en temps de paix comme en temps de guerre, vous le trouverez à la page 45 et suivantes de ce mémoire, ainsi que le détail des points par lesquels il serait convenable de faire passer le mur de sûreté pour lui donner la propriété de rendre le bombardement de Paris impossible.

Je n'ai pas besoin de vous dire que le couvre-face en terre, le terrain sur lequel il sera établi, et les bâtiments militaires coûteront de l'argent; j'en ai donné l'état estimatif pour le projet *au grand complet* aux pages 65 et 85. La somme de cent quarante millions serait suffisante, mais ne doit pas être réduite.

Vous reconnaîtrez aisément que le mur de sûreté se trouvant beaucoup plus avancé que l'enceinte du projet de M. Thiers, plusieurs des forts indiqués dans ce projet se trouveront remplacés par des bâtiments militaires qui jouiront de la propriété d'empêcher que la chute d'un des points de l'enceinte n'entraîne la chute du reste. L'enceinte suffisant seule pour empêcher le bombardement, les forts deviennent inutiles sous ce rapport; on n'a plus à s'occuper que de ceux destinés à favoriser les opérations stratégiques, à servir d'appui aux camps retranchés, dans le cas où nos armées se retireraient sur Paris. Sous ce point de vue, *Saint-Denis*, *le mont Valérien*, *le plateau de Montreuil*, *la pointe de Saint-Maur*, sont des points très bien choisis.

Il est une autre position non moins importante à occuper *par un fort très solide*; elle se trouve en avant de quatre villages ou bourgs, *Clamart*, *Fontenai*, *Châtillon* et *Bagneux*. Ce fort assurerait la possession de ces quatre villages et de tout le terrain compris entre la Bièvre et Meudon, et présenterait d'immenses ressources pour la nourriture des bestiaux vivants destinés à l'approvisionnement de la place.

D'après cela, monsieur, voici, ce me semble, comme le projet devrait être redigé.

ART. 1<sup>er</sup>. (Comme celui du gouvernement.)

Une somme de cent quarante millions est spécialement affectée aux travaux de fortifications de Paris.

Cette somme comprend celle de treize millions formant le montant des crédits déjà ouverts sur 1840, pour la même destination, aux ministres de la guerre et des travaux publics, par les ordonnances royales des 10 septembre, 4 et 25 octobre derniers.

## Art. 2.

Ces travaux comprendront :

1° Une enceinte de sûreté embrassant les deux rives de la Seine, assez avancée dans la campagne pour *mettre complètement Paris à l'abri du bombardement*.

Cette enceinte sera élevée au-dessus du sol, défilée des feux de la campagne par un couvre-face en terre capable de porter batterie et construit d'après les meilleurs principes de la science de l'ingénieur.

Les bâtiments militaires seront répartis sur les points les plus convenables de l'enceinte, voûtés à l'épreuve de la bombe et disposés de manière à favoriser la défense.

2° Des ouvrages extérieurs composés également d'une enceinte de sûreté, d'un couvre-face en terre, de bâtiments militaires voûtés à l'épreuve de la bombe et appropriés à la défense.

Les principaux seront établis sur le plateau en arrière de *Saint-Maur*, à *Saint-Denis*, au *mont Valérien* et sur le plateau entre *Clamart* et *Fontenai*.

## Art. 3.

Les fonds affectés à ces travaux seront employés simultanément à l'exécution de l'enceinte de son couvre-face, des bâtiments militaires et des forts ; répartis entre trois exercices, sauf le cas d'urgence dans lequel les travaux pourraient être accélérés, de manière à être promptement en état de défense.

## Art. 4.

Sur les 127 millions restant à allouer, 47 millions seront affectés à l'exercice 1841, et 40 millions à chacun des exercices 1842 et 1843.

La portion de ces crédits qui n'aurait pu être employée pendant l'exercice auquel elle est affectée, sera reportée sur l'exercice suivant.

### Art. 5.

Il sera pourvu à ces divers crédits au moyen des ressources ordinaires et extraordinaires des exercices 1840, 1841 et 1842.

### Art. 6.

Les dépenses opérées par le département des travaux publics, en vertu des ordonnances des 10, 19, 29 septembre, 4, 8 et 19 octobre 1840 seront liquidés par le ministre de ce département, et soldées sur le crédit de 7 millions, qui lui est resté ouvert jusqu'à concurrence du montant de ce crédit. L'excédant, s'il y en a, sera, après la liquidation, acquitté par les ordonnances du ministre de la guerre, et sur les crédits ouverts par la présente loi.

### Art. 7.

La ville de Paris ne pourra être classée parmi les places de guerre du royaume qu'en vertu d'une loi spéciale.

### Art. 8.

La première zone des servitudes militaires, telle qu'elle est réglée par la loi du 17 juillet 1819, sera seule appliquée à l'enceinte continue et aux forts extérieurs. Cette zone unique de 250 mètres sera mesurée sur les capitales des bastions ou contre-gardes, et à partir de la crête de leurs glacis.

### Art. 9.

Les limites actuelles de l'octroi de la ville de Paris ne pourront être changées qu'en vertu d'une loi spéciale.

### Art. 10.

Il sera, tous les ans, rendu compte aux Chambres de l'exécution des traxaux ordonnés par la présente loi.

Je ne pense pas, monsieur, que ce projet pût donner lieu à une seule objection sérieuse, ni rencontrer d'opposition dans la Chambre des députés ou de la part du gouvernement. Il est beaucoup mieux en harmonie avec les idées développées à la tribune par M. le maréchal Soult que le projet de son prédécesseur; il est très facile de reconnaître que, si les travaux n'eussent pas été commencés, si le maréchal eût été complétement libre, il se serait beaucoup plus rapproché de l'esprit de Vauban, dont il eût mis le projet en rapport avec l'état actuel des lieux.

Le passage suivant de son discours ne laisse aucun doute à cet égard :

« Je pensais donc, dit-il, que la défense de Paris devait » être tout extérieure , et qu'elle serait plus ou moins ef- » ficace, suivant qu'elle s'en éloignerait.

» Que si, au contraire, cette défense se rapprochait plus » ou moins de Paris, les dangers de la capitale augmente- » raient dans la même proportion (1). »

Vous voyez que mon amendement n'est autre chose que la traduction en langage d'ingénieur de cette pensée. M. le maréchal en l'émettant, et cherchant à éloigner de la population parisienne les dangers d'un bombardement, a bien mérité d'elle. Je ne doute pas, monsieur, que vous ne soyez disposé à vous associer à cette généreuse pensée, en mettant sous votre patronage et sous celui de la Commission les idées que je viens de vous soumettre.

J'ai l'honneur d'être , etc.

Th. CHOUMARA ,
Chef de bataillon du génie.

(1) Supplément au *Moniteur* du 25 janvier, page 75, 2ᵉ colonne.



Paris. Imprimerie de Bourgogne et Martinet, rue Jacob, 30.

9 782329 030067